LETTRES

SUR LA

RACE NOIRE ET LA RACE BLANCHE.

IMPRIMERIE EVERAT ET C°, RUE DU CADRAN, 11 ET 16.

LETTRES

sur la

RACE NOIRE

et

LA RACE BLANCHE,

par

Gustave d'Eichthal et Ismayl Urbain.

PARIS,

CHEZ PAULIN, ÉDITEUR,

RUE DE SEINE, N. 33.

1839.

AUX ZOOLOGISTES.

L'association d .. .aces noire et blanche
n'est pas seulement une question morale et
politique ; c'est aussi, et avant tout, une
question ZOOLOGIQUE ; en prenant le mot de
zoologie dans son acception véritable, et

la plus élevée, de *science de la vie*. Car les rapports moraux et politiques des deux races ne sont évidemment qu'une conséquence des rapports naturels d'organisation qui les lient l'une à l'autre ; une conséquence de la fonction particulière que remplit chacune d'elles dans la VIE D'ENSEMBLE des races humaines.

C'est à ce point de vue qu'appartient la pensée principale des Lettres suivantes SUR *la race noire et la race blanche* ; pensée essentiellement *zoologique* et dont les observations morales et politiques, contenues dans ces mêmes Lettres, ne sont que le développement et la vérification. Peut-être, cependant, cette pensée fondamentale ne s'y trouve-t-elle pas mise suffisamment en évidence, et je sens le besoin de la présenter ici d'une manière spéciale à l'attention des hommes de science auxquels je m'adresse plus particulièrement.

Il y a environ deux cents ans que, par suite des progrès de l'esprit scientifique,

les philosophes et les historiens ont commencé à considérer l'HISTOIRE, ou, pour me
servir d'une expression plus positive, LA
VIE DE L'ESPÈCE HUMAINE, comme soumise
dans son développement à des lois régulières, et comme suivant une marche analogue à celle que présente la vie de l'individu humain, et, en général, la vie des
êtres organisés. En France, Pascal et Bossuet d'abord, puis à la fin du siècle dernier
et au commencement de celui-ci, Turgot,
Condorcet et Saint-Simon ; en Allemagne,
l'école philosophique moderne tout entière,
ont adopté et développé cette conception.
Et tandis que les philosophes tendaient
ainsi à transformer l'histoire en zoologie,
les zoologistes, de leur côté, abordant la
question des races, cherchaient à expliquer
la destinée des peuples par les caractères
primitifs de leur organisation, et préparaient, en sens inverse des philosophes, l'alliance de la zoologie avec l'histoire.

Cependant cette élaboration ne pouvait

être féconde qu'à la condition qu'on appliquât la conception nouvelle dans toute son étendue et dans toute sa rigueur. Puisqu'on prétendait bannir de l'histoire les idées de hasard, et les interprétations mystiques, il fallait, pour n'être pas inconséquent avec soi-même, y introduire les conditions non point d'une vie *imaginaire*, mais de la vie *réelle* des êtres organisés.

C'est ce que l'on n'a pas fait. On a comparé, il est vrai, le développement de l'espèce humaine à celui d'un INDIVIDU, mais d'une sorte d'individu *abstrait* et *fictif*, sans analogie avec le type réel des êtres organisés. Chez tous ces êtres, en effet, sans aucune exception, nous voyons chaque individu lié à certains autres par des rapports de *sexe* et de *filiation* qui lui donnent un caractère particulier. Tout individu est MALE OU FEMELLE, et successivement FILS et PÈRE. Ce n'est que par l'existence et le développement de ces rapports que l'espèce et l'individu lui-même peuvent subsister.

La vie *réelle*, la vie *suffisante*, si je puis me
servir de ce mot, ce n'est pas la vie de
l'INDIVIDU, c'est la vie de la FAMILLE. Ainsi,
pour appliquer utilement à l'histoire les
formules zoologiques, il fallait chercher
à retrouver dans le développement de l'espèce humaine, non point une vie d'INDI-
VIDU, mais une vie de FAMILLE; il fallait dire
qui, dans cette famille, est le MALE, et qui
la FEMELLE, qui la GÉNÉRATION ANCIENNE, et
qui la GÉNÉRATION NOUVELLE.

Telle est la pensée qui m'a dirigé dans la
détermination des rapports de la race blanche avec la race noire, et de toutes les deux
avec la race mulâtre, issue de leur concours.
J'ai appliqué respectivement à ces races les
caractères zoologiques de SEXE et de FILIA-
TION.

Il est clair d'ailleurs que la considéra-
tion de ces caractères qui fournit un élé-
ment nouveau à l'histoire et à la zoologie,
peut aussi devenir une nouvelle base d'ap-
préciation des rapports moraux, politi-

ques et religieux, qui existent ou doivent exister entre les races et même entre
les individus.

GUSTAVE D'EICHTHAL.

20 Juillet 1839.

INTRODUCTION.

———————

Jusqu'au seizième siècle, la race blanche et la race noire étaient restées sans contact bien important, renfermées chacune dans son hémisphère, et la race blanche avait eu seule *une histoire.*

Au seizième siècle, les deux races s'unirent pour défricher ensemble et peupler l'Amérique. Mais dans cette union la race noire n'avait figuré que comme un instrument servile; elle n'avait pas compté comme personne indépendante.

Le mouvement d'émancipation imprimé au monde par la révolution française est venu changer cet ordre de choses.

L'insurrection de Saint-Domingue, sa reconnaissance comme état libre, le bill d'affranchissement des noirs aux colonies anglaises en 1833, la multiplication rapide de la population noire dans l'Amérique du sud, ont irrévocablement assuré en Amérique l'indépendance de la race noire à l'égard de la race blanche. En même temps, la restauration de la puissance égyptienne par Méhémed, la conquête d'Alger, les explorations des voyageurs anglais et français dans l'intérieur de l'Afrique, ont créé aux peuples européens des contacts tout nouveaux avec les populations noires primitives, et leur ont fait connaître chez ces populations des vertus et des qualités qu'ils ne soupçonnaient pas.

Jusqu'ici donc une seule race avait été active dans le jeu des événements humains ; désormais il en faut compter deux; et pour qui a bien examiné la question, il est certain que la fixation des rapports de ces deux races est le plus grand problème religieux, moral et politique de l'avenir et même du présent.

Je me suis trouvé conduit à m'occuper particulièrement de ce problème, soit par suite des études politiques et religieuses auxquelles je n'ai cessé de me livrer, soit plus encore par suite de la liaison qui s'est établie, il y a sept ans, entre Ismayl Urbain et moi.

Urbain, encore très-jeune alors, arrivait de Cayenne et en rapportait un vif sentiment des souffrances infligées à l'homme de couleur par le préjugé de la peau. Moi-même j'avais gardé un souvenir ineffaçable des douleurs que m'avait causées dans mon enfance la réprobation attachée au nom juif; et ce sentiment com-

mun qui, plus que tout autre peut-être, avait contribué à
nous amener dans le *cénacle* de Ménilmontant, devint
entre nous un lien puissant. « Urbain et moi, écrivais-
je alors à un ami, en parlant de nous deux, c'est le
noir et le juif : les deux proscrits, les deux prophètes ! »
Ces mots m'apparaissent aujourd'hui comme le symbole
de ma vie depuis sept ans ; et j'oserai dire aussi comme
le symbole de la vie du monde depuis la révolution
française : car aux yeux de l'avenir l'affranchissement
de la race juive et de la race noire en seront les plus
saillants résultats [1].

Aux mois de mars et d'avril 1838, trois lettres furent
échangées entre Urbain et moi, de Paris à Alger [a], sur le
sujet des noirs, ou plutôt des noirs et des blancs. Ce
sont des œuvres bien courtes; mais dans leur brièveté,
elles résument parfaitement toutes nos impressions et
nos connaissances acquises sur cette question; elles sont
l'expression de convictions et de sympathies qui n'ont pu
se former qu'entre nous, et grâce aux circonstances
tout à fait extraordinaires dans lesquelles nous nous
sommes trouvés.

[a] Après trois ans et demi de séparation pendant lesquels Urbain
visita Constantinople et l'Égypte, moi l'Italie et la Grèce, nous
nous retrouvâmes à Paris au mois de juin 1836. Je relevais alors
d'une maladie extrêmement grave, et Urbain m'accompagna à
Fontainebleau, où j'écrivis avec lui *les Deux Mondes*. Je mentionne
cette circonstance parce qu'il y est fait allusion dans les lettres
qui suivent. Je revis encore Urbain à mon retour d'Autriche au
mois d'avril 1837, au moment de son départ pour l'Afrique,
où je le retrouvai en 1838.

Je me détermine aujourd'hui, avec l'agrément d'Urbain, à publier ces lettres. Nous avons pensé qu'elles
pourraient jeter une lumière utile sur la question des
rapports à établir entre la race blanche et la race noire ;
question actuellement pendante devant la législature
française, et pour laquelle les tentatives essayées ailleurs
ne laissent pas espérer de solution. Nous avons pensé
qu'il était pressant de montrer comment cette question
se rattachait à celle d'une réorganisation religieuse, ou
pour mieux dire, à celle DE LA CONSTITUTION DÉFINITIVE
DE LA FAMILLE HUMAINE.

La première condition de succès dans toutes les tentatives qui seront faites dans le but de mettre fin aux
souffrances de la race noire et à sa lutte contre la race
blanche, doit être de considérer ces deux races comme
parfaitement distinctes , par conséquent comme sus-
ceptibles d'être associées, mais jamais réunies et confondues.

Cette différence essentielle des deux races est un
fait qui ressort tout d'abord de l'observation ; il suffit
d'avoir vu des noirs, d'avoir vécu avec eux pendant
quelque temps, pour sentir qu'il y a là une humanité
différente de celle du blanc.

Mais puisque notre siècle tient à l'autorité des dé-
monstrations dites scientifiques, elle peut être invo-
quée dans cette circonstance. M. Flourens a récem-
ment démontré qu'il existe chez les noirs et les peaux
rouges, outre le derme et l'épiderme, un appareil lamel-

leux particulier, qui produit chez eux la coloration de la peau, et qui établit entre eux et la race blanche une différence constitutionnelle et radicale. En effet, l'action des circonstances extérieures, si énergique qu'on la suppose, n'aurait jamais pu aller jusqu'à créer dans l'une des races un appareil particulier étranger à l'autre, si le type primitif eût été commun.

Il m'a paru que la différence des caractères distinctifs des deux races rentrait dans la différence générale des caractères distinctifs des sexes ; qu'elles formaient UN COUPLE, dans lequel la race blanche représentait le *mâle*, et la race noire la *femelle*, et qu'ainsi l'humanité reproduisait la loi de dualité des sexes à laquelle obéissent tous les êtres organiques.

Une autre preuve de la différence constitutionnelle des deux races, est l'existence d'une race mixte ou mulâtre, résultant de leur concours. En effet, d'après une belle loi physiologique, découverte en même temps et proclamée par MM. Edwards et Isidore Geoffroy-Saint-Hilaire, lorsque deux espèces voisines se croisent, le produit de leur rapprochement ressemble au père ou à la mère, et rentre par conséquent dans l'une ou l'autre des deux espèces. Ce produit, au contraire, est *un métis*, lorsque ce rapprochement a lieu entre deux espèces distantes, et réunit en lui, en les combinant, les caractères du père et de la mère.

L'existence de la race mulâtre prouve donc, je le répète, la différence constitutionnelle qui existe entre les deux races blanche et noire; et ici encore il est bon de remarquer que dans la création de cette humanité nouvelle, c'est la race noire qui a été LA MÈRE.

J'ai eu moi-même quelque peine à accepter la pensée que la race noire fût appelée à remplir dans la famille humaine un rôle non moins important que celui de la race blanche. Depuis si longtemps nous sommes habitués à nous représenter *Dieu* blanc et le *Diable* noir! Il a fallu que je visse clairement combien de désordres et de souffrances résultent pour notre société du développement excessif de la puissance intellectuelle, pour que je comprisse aussi tout ce que valent les vertus des noirs, leur calme, leur naïveté, leur bonté, la fraîcheur même et la délicatesse de leur intelligence, et quel bien-être nouveau notre monde fatigué doit trouver dans leur contact. La race noire c'est le monde *sauvage* de Rousseau, mais dépouillé de sa barbarie, et non plus substitué, mais associé au monde *civilisé*.

D'ailleurs quand une race nouvelle arrive pour la première fois à remplir un rôle actif dans les destinées de la famille humaine, son avenir ne peut être bien compris d'abord que de ceux qui savent et qui veulent le pressentir et le deviner. En effet ses qualités et ses vertus diffèrent de celles qui ont eu longtemps le privilège exclusif de mériter l'estime et l'admiration ; et puis ces vertus n'existent encore qu'en germe, et avant de frapper les yeux, elles ont besoin d'être longtemps encore cultivées et développées. Certes lorsque les tribus germaines envahissaient l'empire romain, il était dif-

ficile de reconnaître dans ces hordes barbares, les ci-
toyens futurs de Paris, de Berlin et de Londres.

Aujourd'hui la race noire, dans sa région natale,
à l'exception de cette portion qui a reçu de l'islamisme
une première initiation, est encore pour ainsi dire à
l'état brut. Ni sa beauté, ni sa moralité, ni son intelligence, n'ont été cultivées ni perfectionnées. Son éducation dans les colonies européennes n'est guère plus
avancée. Elle n'y a point encore été policée ; ou bien
la culture qu'elle y a reçue contrarie plutôt qu'elle
ne favorise le développement de ses qualités les plus
précieuses. L'intelligence du noir, prompte, vive
et gracieuse, étouffe sous l'appareil des formes mé-
taphysiques dans lesquelles nous emprisonnons notre
science et notre pensée. Les allures de son corps,
la couleur même de sa peau, exigent des vêtements,
amples, dégagés, flottants à couleurs vives et tranchan-
tes ; beau sous son costume d'Orient et d'Afrique, il est
ridicule et laid sous notre costume européen. Les conditions de moralité sont également différentes pour
nous et pour lui, et souvent par les efforts mêmes que
nous faisons pour l'améliorer, nous le dépouillons de
ses qualités propres sans lui donner les nôtres. N'ou-
blions pas enfin que cette population noire des colonies européennes est issue des races nègres les moins
belles, celles de la côte de Guinée ; qu'elle a d'ailleurs
toute subi le joug de l'esclavage, et garde encore les
empreintes de sa flétrissure.

Les lettres qui suivent, non-seulement celles d'Ur-

2

bain, mais les miennes, rappellent la part glorieuse
que l'islamisme a eue dans la propagation de la révélation abrahamique et dans l'amélioration du sort
d'une portion considérable de la race humaine. Cet
hommage rendu à l'islamisme ne pourrait surprendre
que les personnes qui ignoreraient les liens intimes par
lesquels la foi de Mahomet se rattache à la révélation
biblique. L'islamisme est né des traditions patriarcales
de la Genèse, comme le christianisme du dogme de la
chute et de la promesse de réhabilitation contenus
dans ce livre. L'un et l'autre a eu et conserve sa mission propre, et conforme au génie des races auxquelles il devait s'adresser.

Dans la note qui termine la troisième lettre j'ai indiqué la signification aussi rationnelle qu'élevée, que
présente le dogme fondamental de la théologie chrétienne, le dogme de la Trinité, lorsqu'on le prend dans
son sens le plus simple et le plus naturel, dans celui que
lui ont attribué le peuple et les artistes. J'ai dit comment
ce dogme, ainsi considéré, était en réalité une haute
formule ZOOLOGIQUE, une sublime expression du mode
le plus général de la vie pour tous les êtres, DE LA
FAMILLE, et comment sous ce rapport ce dogme
rattachait au christianisme la grande œuvre religieuse de notre époque, L'ORGANISATION DES RACES
HUMAINES EN UNE FAMILLE. L'association, ou plutôt le ma-
riage de la race blanche et de la race noire, les rapports
de filiation qui unissent à ces deux races la nouvelle
génération humaine, la génération mulâtre produite

par leur concours, telles sont les premières bases de cette organisation. En traitant, ou du moins en abordant aujourd'hui ces questions, la pensée de la CONSTITUTION DE LA FAMILLE HUMAINE a donc naturellement dû s'offrir à moi. Je me suis contenté de l'indiquer, remettant à une autre occasion le soin de la présenter avec plus d'étendue.

G. D'E.

NOTE DE L'INTRODUCTION.

—

'Depuis l'époque de la révolution française, l'émancipation des juifs et celle des noirs ont toujours marché de front, et ont été pour ainsi dire solidaires l'une de l'autre. Déjà, avant 89, elles avaient trouvé un commun défenseur dans l'abbé Grégoire, qui s'illustra par l'appui qu'il porta à l'une et à l'autre. Toutes deux occupèrent en même temps l'assemblée constituante en 89, le congrès de Vienne en 1814, les assemblées délibérantes de France et d'Angleterre après 1830. Aujourd'hui, le premier israélite qui ait pris rang dans la diplomatie française représente la France auprès de la république d'Haïti.

PREMIÈRE LETTRE.

A ISMAYL URBAIN, A ALGER.

Paris, 19 mars 1858.

Dans ces derniers temps, du milieu de Paris, j'ai beaucoup vécu avec vous et auprès de vous, en Afrique. J'étais déjà vivement préoccupé de la destinée de la race noire, et de ses rapports organiques avec la race blanche, lorsque la question d'émancipation, soulevée par M. Passy, est venue donner une nouvelle activité à mes recherches. Voici à quoi je me suis trouvé conduit.

Le noir me paraît être la *race femme* dans la
famille humaine, comme le blanc est la *race
mâle*. De même que la femme, le noir est privé
des facultés politiques et scientifiques ; il n'a jamais créé un grand état, il n'est point astro-
nome, mathématicien, naturaliste ; il n'a rien
fait en mécanique industrielle. Mais, par contre, il
possède au plus haut degré les qualités du cœur,
les affections et les sentiments domestiques ; il
est homme d'*intérieur*. Comme la femme, il aime
aussi avec passion la parure, la danse, le chant ; et
le peu d'exemples que j'ai vus de sa poésie native
sont des idylles charmantes. Tandis que le blanc
est *panthéiste* et s'absorbe dans la contemplation
de l'infiniment grand, le noir est *fétichiste* et
adore la puissance infinie dans ses manifesta-
tions infiniment petites. C'est des noirs qu'est
issu le fétichisme partout où il a régné, particulièrement en Égypte ; et si l'on songe à l'influence
que le fétichisme égyptien a exercée sur la civilisation du monde, et notamment sur la formation
du monothéisme mosaïque, par voie de réac-
tion, il faut bien reconnaître que, même dans
le passé, l'intervention de la race noire, avec
ses facultés particulières, a été un fait néces-
saire dans l'histoire du monde [1].

Jusqu'ici *domesticité* et *servitude* ont été des

choses à peu près identiques. Aussi le noir, être essentiellement *domestique*, comme la femme, a été jusqu'ici condamné comme elle à un esclavage plus ou moins rude. L'émancipation de la femme devra donc être accompagnée de celle du noir, ou, pour parler plus nettement, c'est dans la *femme noire* que l'émancipation de la femme doit complétement se réaliser. On peut dire, encore sous une autre forme, que le couple typique se compose d'un *homme blanc* et d'une *femme noire*. J'ai entendu Combes et Tamisier faire la remarque que le plus beau couple que l'on puisse imaginer est celui d'un homme blanc et d'une femme noire. Il est vrai que dans leur pensée la noire est *une Abyssinienne;* et, comme vous l'avez dit vous-même, les Abyssiniennes sont l'*aristocratie de la peau noire*. A part leur couleur, non pas noire, mais bronzée, elles se rapprochent beaucoup des blanches, pour la régularité des traits et la beauté des formes.

J'avais commencé à vous écrire au long sur ce sujet, mais j'ai reconnu que sitôt que j'essayais de sortir des aperçus les plus généraux, ce n'était pas une lettre, mais un volume que j'étais conduit à composer. Par exemple, si la vocation du noir est la même que celle de la femme, c'est-à dire la *vie domestique,* il est clair, comme

le fait l'a d'ailleurs prouvé, que c'est l'*islamisme*
et non le christianisme qui doit surtout agir sur
lui. Car le *christianisme* n'a jamais fait que com-
battre la domesticité parce qu'elle était entachée
de servitude, tandis que l'islamisme l'a *sanctifiée*.
L'islamisme a puisé ses traditions dans l'histoire
d'Abraham et des patriarches, chez lesquels la
famille comprenait et protégeait l'esclave ; le
christianisme, au contraire, tout en prétendant
établir le règne d'une égalité mystique, mais im-
praticable, a dû tolérer à l'égard des esclaves les
rigueurs du pouvoir temporel, rigueurs d'autant
plus excessives qu'elles s'appliquaient à une in-
stitution réprouvée par la religion.

Napoléon a dit, au sujet des noirs des colonies,
que, quand on voudrait les affranchir réellement,
il faudrait *autoriser* la polygamie aux colonies,
afin que, les femmes de différentes couleurs se
rencontrant dans la même famille, la concilia-
tion des races s'établît par ce moyen[2]. Et il ap-
porte en preuve les effets de la polygamie en
Orient, où les différences de couleur ne sont plus
une source d'antipathies. Il y a quelque chose de
brutal dans la pensée de Napoléon, car la polygamie, *telle qu'elle a jusqu'ici existé en Orient*, ne
me paraît pas devoir subsister. Elle est trop contraire au développement moral des femmes, et

elle s'en va tous les jours, chassée par la jalousie des épouses, notamment en Turquie. La polygamie se modifiera donc, même dans les contrées où elle peut exister [3], et je ne serais pas étonné que cette modification fût basée sur un fait de race, c'est-à-dire qu'un homme pût être uni à la fois à une blanche et à une noire, parce que *la loi d'union avec les deux races serait différente*, comme elle est différente entre Sara et Agar. Agar et la noire ne doivent-elles pas avoir seules la responsabilité de leur enfant? Quoi qu'il en puisse être de ces modifications, et sous quelque forme que s'établisse la polygamie, elle est un fait d'islamisme et non de christianisme, et sous ce nouveau rapport indiqué par Napoléon, comme sous le rapport de la domesticité, la destinée des noirs se lie à celle de l'islamisme. Vous pouvez vous rappeler d'ailleurs que cette pensée n'est pas nouvelle chez moi, et qu'à Fontainebleau nous avons plus d'une fois parlé des services que l'islamisme, ou, pour me servir d'une expression à peu près équivalente, mais moins sujette à controverse, les doctrines patriarcales de la Bible étaient peut-être appelées à rendre dans les colonies européennes d'Amérique.

Désireux de connaître le développement de l'islamisme en Afrique, je me suis lancé à travers

ce continent, à la suite de Denham, de Clapperton, du capitaine Lyon, de Lander, de Mollien,
et j'ai assisté à cette grande lutte que, depuis une
époque assez récente, l'islamisme, représenté surtout par les Maures et les Poules ou Fellans[1], a en-
gagée dans le nord de l'Afrique avec le fétichisme
des noirs. J'ai vu ces malheureuses peuplades
noires refoulées dans la chaîne des montagnes
de la Lune, qui coupent l'Afrique en deux, de
l'Abyssinie à la Guinée, et, jusque dans leur dernière retraite, traqués de rocher en rocher par
leurs ennemis, qui vont à cette chasse comme on
va, dans l'Amérique du Nord, à la chasse aux
fourrures ; incapables de se défendre autrement
qu'en fuyant ou en se cachant avec une adresse
pareille à celle du gibier qui se sent forcé. Mais à
côté de ce triste tableau, j'en ai vu un autre plus
consolant. Sous l'influence de l'islamisme, qui
leur est imposé de force par le vainqueur ou qui
leur est enseigné par des missionnaires pacifi-
ques, nous voyons ces peuples étendre le cercle
de leurs sympathies, de leurs idées, de leur existence. Par l'intermédiaire du Coran, ils sont ini-
tiés aux traditions bibliques ; ils se sentent devenir membres de la grande famille abrahamique ;
en répétant la formule islamique, ils conçoivent
l'unité du Dieu infini et celle de la race humaine.

Les voyageurs sont surpris quand, au milieu
de l'Afrique, des noirs les abordent, et entament
avec eux des discussions sur les rapports de
Moïse, de Jésus et de Mahomet. Par l'islamisme
encore, les mœurs deviennent plus austères, plus
régulières ; la famille est constituée ; et les liens
entre l'homme et la femme, entre les parents et
les enfants, à peine existants autrefois, sont consacrés et affermis. Les sacrifices humains, et surtout l'immolation des femmes et des esclaves sur
le tombeau des maîtres, sont abolis. Enfin le Coran est aussi l'initiation du noir *au livre*. Car,
pour le noir fétichiste, le *livre* est un être ma-
gique, doué d'une puissance surnaturelle pour
communiquer ses volontés aux hommes. C'est le
Coran qui lui fait connaître la puissance réelle
de l'*écriture* ⁵.

Cependant cette initiation si utile est souvent
par elle-même, et à part les violences dont elle est
accompagnée, très-douloureuse pour les noirs. Le
puritanisme musulman contrarie chez eux les
penchants les plus vifs, et même ce qu'il y a de
vraiment bon et d'aimable dans leur nature. Comment le noir pourrait-il s'accommoder, sans souf-
frir, d'une croyance qui proscrit les danses, la
musique, le jeu, et est si fort rigoriste, quoi qu'on
en dise, à l'égard des plaisirs des sens. Clapperton

raconte qu'à l'époque de son voyage, la capitale du Bornou se dépeuplait rapidement, parce que les femmes redoutaient l'impitoyable rigueur du vieux cheik arabe, qui avait établi son autorité avec l'islamisme dans le pays. Aussi, au bout d'un certain temps, l'islamisme a-t-il toujours été obligé de faire de nombreuses concessions au génie propre de la race noire.

Dans ces mêmes récits des voyageurs que j'ai nommés, j'ai contemplé avec délices le tableau des mœurs natives des peuples noirs. J'ai admiré leur douceur et leur bonté même à l'égard de l'étranger, des blancs ; leur affection pour les lieux qui les ont vus naître, leur bienveillance pour les esclaves, dès qu'ils sont entrés dans la famille. Déjà le Carthaginois Hannon, dans la relation qu'il nous a laissée de sa navigation le long des côtes de l'Afrique, racontait qu'il entendait toutes les nuits des chants, et apercevait des danses sur le rivage : il en est encore de même aujourd'hui. « Sitôt que le soir « arrive, me disait hier Reboul, de l'est à l'ouest « toute l'Afrique danse. » Dans les colonies, les noirs ont conservé cette passion ; dès qu'ils entendent le son du tamtam, rien ne peut les retenir, et, sauf à être le lendemain meurtris de coups de fouet, ils courent danser jusqu'au matin [5].

Saint Jérôme, dans son désert, se trouvait souvent transporté par la pensée au milieu des danses des demoiselles romaines ; moi, du fond de mon cabinet, je me transporte avec délices au milieu des peuplades noires, de leurs palmiers, de leurs immenses baobabs, de leurs huttes rondes comme le temple de Vesta ; j'entends leurs tamtams et leurs castagnettes, et je les vois se balançant des heures entières sur leurs hanches.

J'étais allé l'autre jour causer des noirs avec Charles, et il me disait qu'il faudrait faire arriver des danseurs noirs sur la scène de l'Opéra. Cette pensée m'a fait plaisir de toutes les manières, parce qu'elle est mon point de rencontre avec Charles, et que c'est chez les noirs, c'est-à-dire près de vous, que nous nous rencontrons. Toutefois, je ne sais si c'est sur un théâtre fermé que les noirs doivent danser, et si un amphithéâtre ouvert, avec la perspective des champs par derrière, ne conviendrait pas beaucoup mieux.

Dans votre dernière lettre vous parlez à Charles du désir de revoir votre famille. Mais le retour vers votre famille ne doit-il pas être accompagné chez vous de celui vers votre race, comme je me suis senti moi-même rappelé à la fois et vers ma famille et vers ma race? Un moment vous vous êtes cru Arabe : cela a été pour vous la transition en

sortant de l'européanisme. Il y a beaucoup du noir
en Égypte; le Nil vient de la Nigritie. Peut-être
est-ce pour cela que vous avez pu tant aimer les
Égyptiens et le Caire. Mais je crois que le contact
des Arabes d'Alger vous a fait sentir la différence
entre cette race et vous. L'Arabe, c'est la race
d'Ismaël, dont il a été dit : « Son bras sera levé
contre tous, et le bras de tous contre lui. » C'est le
seul peuple du monde qui n'ait jamais été subju-
gué, et qui ait conquis sans jamais l'être. Évidemment vous n'êtes pas de ces cœurs de fer, de ces
atroces animœ, et vous mettez autre part qu'eux
la gloire et la vertu. C'est du noir que vous
tenez cette puissance dont M. de Musset a dit si
heureusement :

> Ce que l'homme ici-bas appelle le génie
> C'est le besoin d'aimer.

Vous êtes donc autre chose qu'un Arabe, et sans
doute vous êtes aussi autre chose qu'un musulman.
Quand nous direz-vous, Ismayl, votre nom de *noir*
et de *fétichiste ?* quand élèverons-nous ensemble
une chapelle aux pommes de pin que nous avons
cueillies dans la forêt de Fontainebleau ?

Vous trouverez peut-être que j'ai fait un peu
trop usage de langage abstrait et de formules gé-
nérales en parlant des noirs. Mais je tenais plus

à préciser qu'à développer ma pensée; je renverrais ceux qui seraient avides de détails aux récits dont je me suis moi-même inspiré. Parmi ceux-ci, je dois mettre au premier rang l'article sur les noirs que vous avez inséré dans *le Temps*, et où vous avez exprimé une opinion si remarquable sur les *Abyssiniennes*, *l'aristocratie de la peau noire*[1]. Je songe aussi à tout ce que vous m'avez dit des femmes noires que vous avez aimées, et, à défaut d'un mien amour, je m'identifie au vôtre.

Adieu, Ismayl. Je songe bien souvent à ces mots que j'ai dits autrefois en parlant de nous deux, et par allusion à ce que nous avons gardé de notre origine: « Le noir et le juif : les deux proscrits, les deux prophètes. » Mais ces mots ne seraient pas vrais, si vous n'étiez qu'un Arabe.

Gustave d'Eichthal.

NOTES DE LA LETTRE PREMIÈRE.

—

[1] M. Guignault (*Symbolique de Creuzer*) reconnaît positivement que c'est chez les noirs qu'il faut chercher l'origine du fétichisme égyptien.

Balby (*Abrégé de géographie*) cite plusieurs animaux qui étaient adorés en Égypte, et qui ne se trouvent cependant que plus au sud, dans les régions habitées par les peuplades noires.

[2] « C'est encore un sujet de méditation que ce contraste entre l'Asie et l'Europe. Chez nous les législateurs n'autorisent qu'une seule femme. Grecs ou Romains, Gaulois ou Germains, Espagnols ou Bretons, tous enfin ont adopté cet usage. En Asie, au contraire, la polygamie fut toujours permise....

« Peut-être faut-il chercher la raison de cette différence dans la nature des circonstances géographiques de l'Asie et de l'Afrique. Ces pays étant habités par des hommes de plusieurs couleurs, la polygamie est le seul moyen d'empêcher qu'ils ne se persécutent. Les législateurs ont pensé que pour que les blancs ne fussent pas ennemis des noirs, les noirs des blancs, les cuivrés des uns et des autres, il fallait les faire tous membres d'une même famille, et lutter ainsi contre ce penchant de l'homme à haïr tout ce qui n'est pas lui.

« Lorsqu'on voudra, dans nos colonies, donner la liberté aux noirs et y établir une égalité parfaite, il faudra que le législateur autorise la polygamie, et permette d'avoir à la fois une femme blanche, une noire et une mulâtre. Dès lors les différentes couleurs, faisant partie d'une même famille, seront confondues dans l'opinion de chacune. Sans cela on n'obtiendra jamais de résultat satisfaisant. Les noirs seront ou plus nombreux ou plus habiles, et alors ils tiendront les blancs dans l'abaissement, et *vice versa*. (*Mémoires de Napoléon. — Égypte. — Religion*, t. V, page 105.)

³ Voyez la ~~deuxième~~ lettre, page **42**.

⁴ Les Poules, Fellans, Fellatahs (c'est le même nom, avec quelques différences orthographiques), paraissent être un peuple de race abyssinienne (Cushites), peut-être le même que la race de Phout ou Poute, nommée au chap. x de la Genèse, et dont on avait perdu la trace. Partout où la race s'est conservée pure, les Poules ont la couleur rouge; là où ils se sont mélangés avec les nègres, ils ont la couleur acajou foncé des Abyssiniens.

Jusqu'à la fin du dernier siècle, les Poules répandus dans tout le nord de l'Afrique, au sud du désert de Saharah, paraissent n'y avoir eu aucune existence historique. Ils étaient pasteurs et nomades, s'occupant seuls, au milieu des peuplades nègres, de l'éducation des troupeaux; d'ailleurs zélés sectateurs du Coran au milieu de ces peuplades fétichistes. Mais vers l'époque citée, un de leurs chefs, Cheik Othman, surnommé Danfodio, s'érigea en prophète et en conquérant, et rallia autour de lui les Fellans, en leur promettant l'empire sur les tribus noires infidèles qui les environnaient. Il étendit en effet assez loin ses conquêtes, et établit sa capitale à Sakatou, sur le cours supérieur du Niger. Vers l'année 1800, il devint fou, et fut remplacé par son fils le sultan Bello, qui affermit l'empire fondé par son père. Ce fut ce Bello qui accueillit en 1824 Clapperton, étonné de rencontrer presque au centre de l'Afrique un homme aussi distingué. Les Fellans, secondés par les Maures, ont beaucoup étendu l'influence de l'islamisme, en faisant une guerre à outrance aux noirs idolâtres, et propageant leur foi parmi eux. Cependant, à l'époque de Clapperton, les états noirs du

Niger, coalisés entre eux, commençaient à résister aux Poules avec avantage. (*Voyez le Voyage de Denham et Clapperton.*)

⁵ La traite transportait et transporte encore annuellement d'A-frique en Amérique un certain nombre de nègres musulmans. L'abbé Grégoire, dans son livre de la *Littérature des Nègres*, rapporte l'histoire de Joi, ben Salomon, fils du roi mahométan de Bunda sur la Gambie, qui fut pris dans une bataille, en 1730, transporté en Amérique et vendu dans le Maryland. Une suite d'aventures extraordinaires le conduisirent en Angleterre, ou son air de dignité, la douceur de son caractère, ses talents, lui firent de nombreux amis, entre autres le chevalier Hans Sloane, pour lequel il traduisit divers manuscrits arabes. Après avoir été ac-cueilli avec distinction à la cour de Saint-James, il fut reconduit à Bunda, en 1751. Son père étant mort, Salomon lui succéda, et devint, dit-on, un fort bon roi.

Un colon de la Guiane m'a dit avoir encore en ce moment, sur son habitation, un ancien *Marabout* très-versé dans la connais-sance de l'arabe et du Coran, et qui, par sa supériorité intellec-tuelle et morale, s'est promptement élevé au rang de commandeur sur la plantation.

⁶ « Dès que le soleil est couché, à cette heure douteuse de ces con-trées qui n'est plus le jour et qui n'est pas encore cependant la nuit, à cette heure où les lucio s'allument dans l'air, la savane du fort que baigne la Rivière-Madame, s'emplit de monde et s'anime comme un salon. Le *Tam-Tam*, résonne sur des notes folles et bondissantes, les *trompes* éclatent, le *Quia-Quia* retentit à la fois sur tous les points de la promenade, les danseuses s'appellent en-tre elles, la foule se presse en bourdonnant, tandis que le *petit-bois* domine de sa note aiguë cet étrange concert. Mais peu à peu les di-verses sociétés qui se sont cotisées pour ce bamboula débouchent de toutes les avenues de la savane suivies d'une foule d'enfants,

et aux refrains du *bel air* à la mode répétés en chœur. Voici venir les *Dames*, habillées de blanc et de rose, ayant à leur tête leur reine, une jeune mestive pâle et blonde comme une Anglaise. Voilà que se croisent à l'entrée de la savane les *Amours* et les *Sailands*. La fête éclate alors. C'est son moment le plus curieux. On se repose, on se promène, on se rafraîchit, on forme des contredanses. Les jeunes filles sont heureuses.

« On ne saurait imaginer combien loin la population, entièrement indigène de ce pays, pousse la passion de la danse et de la musique; il faudrait pour cela assister un moment à un de ces terribles et magnifiques bamboulas de la savane de St-Pierre. Quel spectacle! C'est en vain qu'on amalgamerait ensemble tout le tohu-bohu d'un raout du grand monde à tout le désordre le plus passionné d'un bal masqué de l'Opéra; toute la frénésie de cette danse furieuse que l'on a importée des barrières aux bals des Variétés et de l'Odéon, à toute la hardiesse des danses espagnoles les plus lascives: tout cela réuni ne donnerait encore qu'une très-pâle idée de ce hardi bamboula des nègres.

« Pour savoir combien ces hommes sont heureux du présent, insouciants de l'avenir ; pour savoir quel luxe ces femmes d'esclaves et de prolétaires étalent ; combien leurs tailles, en se ployant, révèlent de beautés ignorées aux Raphaël et de richesses inconnues aux paysans les plus riches de la France; pour savoir tout ce que Dieu a mis d'élégance, de naïveté, de souplesse dans chaque courbure de leurs bras, dans chaque mouvement de leurs corps, et de quelle toilette de batiste, de madras, d'épingles d'or, de boutons émaillés, leur travail ou l'orgueil du maître a recouvert tout cela, il faudrait assister à un de ces bamboulas de la savane de St-Pierre. M. Duponchel ferait à jamais sa fortune s'il pouvait offrir un « pareil spectacle aux habitués de l'Opéra.

(*Description de la ville de Saint Pierre-Martinique. La Presse,* **15 juillet 1839.**)

[7] Voici le passage, relatif aux Abyssiniennes, de l'article cité sur les esclaves d'Égypte. Voyez *le Temps*, 26 septembre 1856.

« Les Abyssiniennes forment, à proprement parler, l'aristocratie de la peau noire. Le proverbe de La Mecque dit : *Hhabachieh tath el namousieh.* « Les Abyssiniennes doivent être sous la mousquetière, tandis que les noires sont reléguées à la cuisine. » Ces femmes d'une couleur chaude sont remarquables par la régularité de leurs traits et l'élégance de leurs formes : une grâce infinie accompagne leurs moindres mouvemen's ; leurs yeux sont beaux et parfaitement coupés ; ils ont une grande douceur ; leur voix, molle et timbrée, semble admirablement faite pour exprimer la tendresse ; si leurs cheveux étaient lisses et longs autant qu'ils sont noirs, elles n'auraient certes rien à envier à la beauté des femmes européennes. Elles joignent à un caractère aimable d'heureuses dispositions pour tous les ouvrages de leur sexe et pour l'administration d'un ménage. Chez plusieurs Francs et chez plusieurs Levantins, c'est une Abyssinienne qui est intendante de la maison...

« Elles sont pour la plupart heureusement inspirées dans les efforts qu'elles font pour marier au luxe oriental toutes les bonnes commodités de l'Europe, et elles savent rendre la maison toujours agréable et hospitalière pour les amis de leur maître. Ces femmes ont beaucoup de délicatesse dans les sentiments ; elles aiment la coquetterie et ne sont pas insensibles aux hommages.

« Les Abyssiniens sont des chrétiens jacobites. A la profession de foi musulmane : « Il n'y a pas d'autre Dieu que Dieu, et Mohammed est son prophète, » les femmes abyssiniennes ont opposé cette formule : « Il n'y a pas d'autre Dieu que Dieu, et Marie est sainte. » Cependant elles sont peu dévotes. Leur dévotion la plus grande est vouée à l'homme, dont elles sont fières de mériter l'amour. Les Abyssiniennes qui ont remplacé dans beaucoup de harems musulmans les esclaves blanches, semblent appelées à jouer un rôle important dans la civilisation orientale ; leur religion, leur intelligence et leur beauté concourent à faire concevoir de légitimes espérances sur l'influence qu'elles ne tarderont pas à exercer dans la famille arabe. »

Plusieurs voyageurs modernes ont exprimé le même sentiment d'admiration pour les Abyssiniennes.

« A la race noire par la couleur de la peau, à la race blanche par la régularité délicate de la face, appartiennent les habitants de l'Abyssinie. A Mahomet et à Jésus, ils appartiennent aussi par inégales portions. L'Abyssinie est un des anneaux par lesquels les noires populations de l'Afrique se lient à la civilisation blanche de l'Europe ; et la beauté, l'intelligence de ses peuples l'investissent d'une haute mission d'avenir. » (Barrault, *Occident et Orient,* page 491.)

« Cette race abyssinienne rappelle par ses traits les Européens les plus heureusement conformés. La couleur seule la distingue. Son intelligence est vive et facile, et sa fierté naturelle lui donne un caractère particulier. Je n'ai remarqué, chez mes jeunes esclaves, que de bons sentiments et des penchants louables. » (*Voyage du duc de Raguse,* tome IV, page 259.)

« Cette supériorité de la race abyssinienne, race au visage si doux, si mélancolique, ne pourrait-elle pas servir d'appui à l'opinion qui fait descendre les Égyptiens de l'Éthiopie ! » (*Lettre de M. de Ségur Dupeyron, sur la jeune Abyssinienne Eatmè-Effendi, directrice du service médical, à l'hôpital d'Esbekiè.* Journal des Débats du 22 avril 1859.)

Le plus grand travail de la civilisation humaine s'est passé entre les deux races semitique et cushite ou abyssinienne, qui se sont constamment disputé les régions de l'Euphrate, de la mer Rouge et du Nil, et qui ont fini par établir leur siége principal, l'une en Palestine, l'autre en Égypte. L'association de ces deux races semble figurée par l'union, si fameuse dans l'Orient, de Salomon et de la reine de Saba. Une tradition populaire fait descendre de Salomon et de cette reine la race royale d'Abyssinie, qui subsiste encore, bien que depuis un demi-siècle elle n'ait plus conservé qu'une

puissance fictive. Avant l'introduction du christianisme, les Abyssiniens professaient le judaïsme, et un état juif distinct s'est même
conservé au milieu d'eux jusqu'au dix-septième siècle, qu'il fut
détruit par un roi chrétien ; les juifs abyssiniens subsistent encore
dispersés au milieu de la population chrétienne. » (*Voyez le Voyage
de Combes et Tamisier*, T. III.)

DEUXIÈME LETTRE.

A GUSTAVE D'EICHTHAL, A PARIS.

———————

Alger, 6 avril 1858.

Votre dernière lettre du 19 mars m'a causé une vraie joie. Elle a réveillé et exalté des idées qui s'agitaient sourdement en moi, et me préoccupaient depuis longtemps. Vous savez qu'elles touchent à mes sympathies les plus intimes, les plus ardentes.

Vous avez assisté à la première manifestation de ma vie, lorsqu'à Ménilmontant vous vîtes avec tant de surprise s'échapper de moi l'expression des instincts et des désirs du noir. De ce jour j'eus ma place et mon nom parmi vous, et ma destinée me fut clairement indiquée. Plus tard, lorsque les ravages de la peste d'Égypte me poussèrent dans les bras de l'islamisme, j'y trouvai un aliment nouveau à mes sympathies natives pour ma race. Mais il y a plus : puis-je oublier que ce fut la mort de Hanem qui détermina ma conversion; de Hanem, chrétienne elle-même, mais qui, fille d'une noire, avait conservé dans son cœur l'amour si naturel du noir pour l'islamisme ?

Il faut bien reconnaître, en effet, que l'islamisme a été pour le noir plus généreux, plus paternel que le christianisme. Ainsi les noirs ont trouvé dans la famille musulmane une place qui leur était sans doute faite depuis longtemps par les mœurs patriarcales, mais que la religion nouvelle a agrandie et assurée.

Déjà la loi de Moïse, par la protection qu'elle accordait à l'esclave, avait été pour eux un bienfait immense. La loi musulmane, en leur appliquant le même esprit de bienveillance, améliora leur destinée d'une manière remarquable. Elle prescrivit aux croyants de traiter leurs esclaves avec humanité, et de ne pas les châtier sans raison. *Le fidèle*, dit le Coran, *qui affranchit son semblable, s'affranchit des peines de l'humanité et des tourments du feu éternel.* Des dispositions législatives, puisées dans le livre des traditions (*la Soun,* et de nombreuses sentences rendues par les docteurs les plus vénérés, réglèrent *le droit* de l'esclave à l'affranchissement, et en firent un *devoir* religieux pour les maîtres. Relisez d'Ohsson, et vous verrez combien la législation musulmane a été prévoyante, humaine, paternelle, dans ses dispositions sur les esclaves. Et encore une fois, par esclave il faut entendre les noirs ; car si les Arabes avaient quelques esclaves blancs faits pendant la guerre, la majeure partie fut toujours des noirs achetés.

En vérité, en voyant nos députés et l'Europe presque entière avec eux, faire tant d'efforts pour améliorer le sort des esclaves, je suis tenté de leur crier : Mais venez donc en Afrique, dans cette terre barbare ! vous y verrez les noirs dans une condition heureuse. Aucun d'eux ne songe à se révolter contre son maître, à massacrer les blancs, à piller et incendier les propriétés. Esclaves, ils aiment leur maître ; libres, la couleur de leur visage n'excite contre eux aucun préjugé, ne donne lieu à aucune exclusion[1]. Et à quoi attribuer, dira-t-on, de tels résultats ? A la bonté toute paternelle des maîtres, à l'absence de préjugés de couleur, à l'humanité avec laquelle on les fait travailler. La religion les a fait entrer dans la famille par adoption, et par suite dans la société. Puis les noirs préfèrent, à une indépendance absolue, qui laisse tout le poids de l'existence à la responsabilité de chaque individu, un patronage humain et généreux qui les affranchit du souci de l'avenir, des inquiétudes de la vie politique, des rivalités, des luttes de la vie, enfin de ce que j'appellerai volontiers avec le Coran, les peines de l'humanité.

Vous le voyez : je suis pas à pas vos idées, et à la lecture de votre lettre, tous ces sentiments qui se rattachent si directement à l'origine et au but de ma vie, se sont éveillés en moi avec une ardeur toute jeune et toute religieuse. En parlant de l'amour des noirs pour la vie domestique, d'intérieur, de famille, de dévouement et de plaisir, j'arrive à me rencontrer avec vous dans cette pensée : *le noir c'est la race femme.*

Mais avant d'aborder cette grande question religieuse, sur laquelle je vous promets plus de sentiments et d'impressions que de raisonnements, j'ai besoin de vous parler d'un autre point de contact de l'islamisme avec les noirs. Ainsi que vous le rappelez, la polygamie a été un moyen puissant pour éteindre les préjugés de la couleur et établir l'égalité dans la famille domestique et politique, et le nom de Napoléon restera éternellement attaché à cette pensée. Mais je ne peux aussi passer sous silence la disposition de la loi musulmane qui dit : *Le maître peut affranchir son esclave par sa seule volonté, sans qu'il soit besoin d'autres formalités. Lorsqu'une femme esclave a été mère par suite de commerce avec son maître, elle est affranchie de droit à la mort de celui-ci, et de son vivant le maître ne peut la vendre; l'enfant est libre comme son père et a tous les droits des enfants légitimes.* La loi musulmane permet aussi au maître d'épouser son esclave, et l'opinion et la loi ne font aucune différence entre l'épouse libre et l'épouse esclave. De pareils faits n'ont pas besoin de commentaires : ils parlent assez haut d'eux-mêmes, surtout lorsqu'on les compare avec les mœurs et les lois de nos colonies d'Amérique.

Il est vrai, comme vous l'indiquez, qu'il existe une opposition profonde entre le dogme essentiel de l'islamisme, son austère monothéisme, et l'esprit fétichiste du noir; mais il faut reconnaître que pour devenir plus facile aux noirs, l'islamisme a consenti à se départir en leur faveur de sa rigueur primitive. Il a consacré leur amour irrésistible pour les danses les plus animées, en les admettant comme rites de prières dans les cérémonies religieuses. J'ai été à même d'observer que beaucoup de pratiques des noirs, telles que les sont conservées dans les colonies quelques esclaves rebelles au christianisme, ont trouvé place dans le culte musulman. A l'époque de chaque grande solennité les noirs se réunissent entre eux et ont un rite particulier pour célébrer la fête. C'est l'esprit islamique; mais la forme est tout entière celle des fétichistes. Vers la fin du Ramadan, j'ai vu, en Algérie, les noirs se livrer à des exercices religieux tellement marqués au cachet de l'idolâtrie, que si on n'entendait pas le nom de Mahommed retentir dans leurs chants on croirait assister à la fête d'un fétiche.

Et puis les tombeaux des santons, les arbres consacrés aux derwiches et qui sont l'objet d'un culte spécial, les nombreux amulettes de toutes sortes, jusqu'à ces singulières adorations accordées par les femmes qui veulent être délivrées de la stérilité à certains marabouts, noirs pour la plupart; et ces danses proscrites par la religion et qui sont devenues cependant une des formes de la prière; tout cela me semble autant de concessions faites aux goûts et aux instincts des peuples idolâtres.

Je ne sais pas si vous partagerez entièrement mon sentiment sur cette question; mais je crois que notre civilisation, qui veut étendre

ses bienfaits jusque sur les esclaves noirs, pourrait bien leur faire quelques avances dans le
même sens que celles qui ont si bien réussi à
l'islamisme. Ainsi, pour ne dire les choses que
sommairement, ne faudrait-il pas s'efforcer avant
tout de changer le caractère de l'esclavage et de
le transformer pour le plus grand nombre en
domesticité familiale? Et ensuite, quand l'éducation morale de la famille les aurait rendus dignes
de l'indépendance de la vie politique et industrielle, ne serait-ce pas l'occasion d'essayer avec
eux les combinaisons imaginées par quelques
socialistes modernes pour rendre le travail
attrayant? car les noirs sont surtout ceux qui re-
doutent les travaux ennuyeux et où le plaisir n'a
aucune place.

J'arrive maintenant à votre formule : *le noir
c'est la race femme;* formule que j'adopte, car elle
me paraît bien résumer les rapports de la race blanche avec la race noire ; mais, il ne faut pas vous le
dissimuler, elle excitera d'abord des rires, des
répugnances, de la colère. La beauté n'est pas
encore reconnue aux noirs ; et puisqu'il s'agit de
femme, ce point seul suffit pour faire rejeter les
autres, quelque vrais qu'ils puissent être. Je crois
cependant que nous ne devons pas trop nous dé-
courager et désespérer de convertir le monde

à notre avis. C'est à une noire que Salomon adressait le Cantique des Cantiques, et le *Nigra sum sed formosa*, « Je suis noire, mais je suis belle, » est devenu une parole sacrée. Elle a influé sur le culte même que les chrétiens ont rendu à la femme divinisée, à la vierge; la Grèce, l'Italie, sont pleines encore des tableaux de vierges noires que la tradition du Cantique des Cantiques inspira aux peintres du christianisme primitif, et je vous avoue que c'est avec un secret orgueil que j'ai vu souvent dans les églises du midi la vierge noire recevoir les adorations de ses plus belles filles blanches.

Il paraît d'ailleurs que la célèbre reine de Saba était une Abyssinienne, et pour qui a vu les Abyssiniennes de nos jours, il est facile de concevoir qu'elle ait pu inspirer à Salomon le Cantique des Cantiques. Puisque la pensée de Combes et de Tamisier, sur la beauté du couple noir et blanc, suppose une femme abyssinienne, elle me paraît irréprochable.

D'autres races que les Abyssiniens, des races *pur sang nègre*, ont acquis une juste réputation de beauté. Clapperton et Lander en ont signalé plusieurs sur les bords du Niger. Tous les voyageurs qui ont visité le Sénégal s'extasient sur la beauté des femmes Iolof, et les femmes de cette race que

nous voyons aux colonies justifient bien en effet
ces éloges. Mais, mettant même hors de cause ces
races exceptionnelles qui forment l'*aristocratie de
la peau noire*, je suis très-porté à douter un peu de
la réalité des répugnances que certaines personnes prétendent exister chez les blancs à l'égard
des femmes noires [2].

J'ai remarqué souvent qu'en Europe, en enten-
dant les personnes qui avaient habité les colonies
faire un éloge passionné de ces femmes, leurs au-
diteurs éprouvaient une surprise visible, et té-
moignaient leur étonnement et leur incrédulité.
Et cependant, lorsqu'ensuite j'ai retrouvé aux
colonies quelques-uns de ces incrédules, je les ai
vus entièrement convertis après un court séjour,
et ne pouvant plus se séparer de ces femmes, que
de loin ils avaient si fort méprisées. J'ai même vu
dans ma colonie natale des fonctionnaires très-
éminents, des magistrats d'ailleurs fort austères,
se trouver sous le charme de beautés noires. Il en
sera donc, je pense, de la théorie comme de la
pratique, et votre formule, *le noir c'est la race
femme*, si elle soulève d'abord quelques contradic-
tions, n'effraiera pas longtemps ceux qui seront
disposés à rendre sincère justice au noir et à la
femme.

Peut-être cependant votre pensée de l'union

des deux races se réalisera-t-elle, d'abord par les races de couleur, qui sont physiquement plus belles, intellectuellement mieux organisées, et me paraissent moralement appelées à une destinée plus grande que les noirs. Les premières unions régulières auront lieu, je crois, entre les blancs et les enfants des noirs, entre les blancs et les mulâtres, plutôt qu'entre les blancs et les noirs eux-mêmes.

Il me semble que tout ce que je viens de vous dire sur les moyens d'associer les blancs et les noirs se résume par ces mots, *domesticité* et *plaisir*. Sous ce dernier rapport, je ne dois pas oublier de vous dire qu'ici, à Alger, le plus grand ornement de nos fêtes officielles consiste dans les danses des noirs sur la place publique. Ces noirs, dont un grand nombre sont libres, forment ici une race belle, laborieuse, sage, universellement aimée; et vous voyez que ce sont eux aussi qui nous donnent notre Opéra.

Ismayl Urbain.

NOTES DE LA LETTRE II.

—

¹ Niebuhr, dans son *Voyage d'Arabie*, rapporte deux exemples qui prouvent combien le préjugé de la peau est faible, ou plutôt nul chez les Arabes.

« On qualifiait d'émir le gouverneur de Lohyea, et il s'appelait Fahran. Né en Afrique, et d'un teint parfaitement noir, il avait été amené dans sa jeunesse en Arabie, et vendu à un homme de distinction, mort depuis peu, après avoir rempli l'emploi d'un des premiers ministres de l'iman de Sana. Cet homme, après avoir donné une bonne éducation au jeune Fahran, lui fit obtenir une petite place, dans laquelle il se conduisit si bien, que son mérite l'éleva en peu de temps à l'emploi de dola ou gouverneur d'une ville considérable. Ce gouverneur était en effet un seigneur très-poli, plein de droiture, et un véritable ami des hommes. (*Description de Loheya.*)

« L'iman *El Mansour* laissa plusieurs fils, dont l'aîné Ali avait le plus grand droit au trône. Il était né de la première femme de son père, fille du prince de *Kaukeban*, et il descendait par conséquent de Mahomet, du côté du père et de la mère. Mais cette princesse qui, en 1763, vivait encore à Sana, n'était pas assez habile pour ménager la succession à son fils, quoique tout le pays souhaitât de l'avoir pour souverain.

« El Mansour avait eu un fils nommé *Abbas*, d'une négresse esclave. Cette femme rusée sut cacher la mort de son maître jusqu'à ce que le *kadi Jaehja*, un des principaux ministres d'*El Mansour*,

eût mis les troupes et les gouverneurs des provinces dans les inté-
rêts de son fils *Abbas*, et alors elle le fit proclamer iman sous le
nom d'El Mahadi, qui est actuellement régnant. Le prince Ali fut
enfermé dans une prison, où il demeura jusqu'à sa mort, arrivée
en 1759.

« L'iman El Mahadi Abbas était en 1763 âgé de 45 ans, et occu-
pait déjà le trône depuis 17 ans.

« Il était noirâtre comme ses ancêtres du côté maternel, et ne
ressemblait aucunement aux autres descendants de Mahomet.
Quelques traits nègres exceptés, il paraissait de bonne mine. Il a
une vingtaine de frères, dont j'ai vu quelques-uns noirs comme de
l'ébène, avec le nez épaté et de grosses lèvres comme les Cafres
d'Afrique. (*Description de Sana.*)

[2] Les récits des voyageurs qui dans les derniers temps ont visité la région du Niger s'accordent à représenter les peuplades
répandues le long de ce fleuve comme fort supérieures, soit au
physique, soit au moral, à celles de la côte de Guinée. La raison en
est sans doute que les races les moins bien douées ont été accu-
lées par les autres à la mer. En outre, il est d'usage d'envoyer de
l'intérieur les mauvais sujets à la côte pour y être vendus. Les
noirs des colonies, presque tous originaires de la côte de Guinée,
ont dû conserver quelque chose de l'infériorité des races mères.

TROISIÈME LETTRE.

A ISMAYL URBAIN, A ALGER.

———

Paris, 25 avril 1838.

Votre lettre du 6 avril, mon cher ami, me prouve que nous nous entendons bien sur cette grande question du rapport des blancs et des noirs, et cet accord est déjà à mes yeux une forte probabilité que nous ne nous trompons pas. Mais voici un autre témoignage, inspiré par un sentiment différent du nôtre, par un sentiment tout politique, et qui cependant est une précieuse confirmation de notre pensée.

Dans son voyage en Amérique, Michel Chevalier a été vivement frappé de la position réciproque des deux races blanche et noire. Il eût été difficile qu'il en fût autrement, puisque la population noire et métis des deux Amériques s'élève aujourd'hui à plus de dix millions, dont près de quatre millions dans l'Amérique du nord et les Antilles, et que l'existence de l'état libre de Saint-Domingue, l'émancipation des noirs aux colonies anglaises, et la lutte des abolitionistes et non-abolitionistes aux États-Unis, sont, en réalité, les faits les plus importants qui s'accomplissent aujourd'hui dans le Nouveau-Monde.

Michel a consigné le résultat de ses observations dans une lettre fort remarquable, insérée au journal des *Débats* du 27 février dernier. Tout ce qu'il a vu des rapports des deux races dans les colonies anglaises et aux États-Unis l'a conduit à une conviction bien arrêtée, qu'il n'y avait de terme possible à la lutte actuelle que par une séparation complète des deux races. Toutefois ce qu'il a vu à l'île de Cuba lui a inspiré une pensée différente. « Sous le rapport de l'esclavage, dit-« il, la situation de l'île de Cuba est tout autre « que celle des Antilles anglaises et françaises. »

En effet, aux Antilles, sur cent individus, neuf seulement sont blancs. A l'île de Cuba sur 700,000 habitants, 45 0/0 appartiennent à la race blanche, 15 0/0 sont des noirs ou gens de couleur libres, et 40 0/0 sont des esclaves. Dans l'archipel des grandes et petites Antilles, tout le travail agricole est fait par des noirs; ici une foule de petits cultivateurs blancs travaillent de leurs mains la terre. — Puis vient l'énumération des droits que la loi espagnole accorde au nègre esclave. Ainsi, moyennant un prix fixé par le magistrat, il peut exiger d'être vendu à un nouveau maître. L'esclave qui a payé une portion de sa valeur, un quart par exemple, devient de fait libre de sa personne, sous la seule condition de payer à ses maîtres une redevance journalière sur ce qui reste dû. L'esclave cruellement maltraité acquiert par là même son affranchissement (ce qui est une loi du Pentateuque). « Enfin les mœurs étant au moins au niveau des lois, beaucoup d'affranchissements sont octroyés par les maîtres. Le régime de l'île n'est pas moins libéral à l'égard des noirs et des gens de couleur libres. Malgré l'existence d'une noblesse parmi les blancs, la ligne de démarcation entre les races est bien moins tranchée qu'aux États-Unis, où il n'y a pas de noblesse. La barrière qui sépare les gens de couleur des blancs n'est pas d'ailleurs infranchissable. Une goutte de sang noir n'est pas une tache indélébile que le temps même soit impuissant à détruire. On peut être *blanchi*, et acquérir le *Don* par décret royal ; on le peut par arrêt de justice. En général toutes les classes, sans distinction de couleur, vivent en bonne intelligence: Le plus humble noir, esclave ou non, arrête un Espagnol dans la rue pour allumer son cigare à celui du blanc. Les colons isolés ne connaissent point les frayeurs qui troublent le sommeil du planteur de la Louisiane. Les esclaves sont soumis, et les classes libres, si nombreuses qu'elles soient, ne paraissent avoir aucun projet de révolte.

« Dans un pareil état de choses, les lois, les règlements et les usages de l'île de Cuba méritent, non moins que la chanceuse expérience des colonies anglaises, de fixer l'attention du gouvernement français. — Dieu me garde de dire qu'il faille songer à maintenir l'esclavage ! — Pour nos colonies, comme pour le continent américain, ou pour les colonies anglaises, la question ne peut plus être de savoir si l'esclavage doit ou non être maintenu, là où le blanc et le noir doivent continuer à vivre ensemble. *Il ne peut s'agir que des nouveaux rapports à établir entre les deux races.* Mais à cet égard, Cuba, où l'esclavage existe *nominalement* dans sa plénitude, peut fournir d'aussi utiles enseignements que la Jamaïque, où il n'y a plus que des *apprentis*. Dans les colonies anglaises on parle beaucoup de liberté. Dans les colonies espagnoles on n'en prononce pas le nom, mais on en fait. »

Quelle est cependant l'origine de cette position tout exceptionnelle de la race noire dans l'île de Cuba, position présentée avec raison aux états européens comme un modèle à suivre, et qui est aussi, sans aucun doute, une des principales causes de la merveilleuse prospérité de cette colonie? Voici à ce sujet les réflexions de Chevalier.

« L'Espagnol, dit-il, a reçu du ciel le don de maintenir son autorité une fois assise sur la race noire ou la race rouge, autrement que par la seule terreur. Il pratique avec ses inférieurs de tout étage cette *familiarité* qui n'exclut ni l'obéissance ni le respect, et qui est absolument inconnue à l'Anglais et à l'Américain, même au coin du foyer domestique, à l'égard de leur femme ou de leur fils, qualité précieuse que les Espagnols *ont reçue des Maures* avec une partie du sang qui coule dans leurs veines. *Sous la tente de l'Arabe, l'esclave a été de tout temps membre de la* FAMILLE. *Cette* FAMILIARITÉ *est la charte de la vie patriarcale.* »

Ainsi c'est aux Arabes et par conséquent à l'islamisme, ou, ce qui est la même chose, aux doctrines patriarcales de la Bible, que Chevalier attribue la bonne nature des rapports entre blancs et noirs, à l'île de Cuba. Par l'observation des faits en Amérique, il arrive donc aux mêmes conclusions que nous avait suggérées la connaissance de l'islamisme et de son influence sur l'état des peuples noirs de l'Afrique ou des individus vivant en esclavage dans les contrées musulmanes.

Les peuples qui, comme les Anglais, sont demeurés fidèles à la rigueur des principes chrétiens, ont pu abolir à la fois, à l'égard des blancs la *domesticité* et *l'esclavage*, parce que le blanc est susceptible d'indépendance personnelle, mais ils se sont trouvés dans l'impossibilité d'appliquer leur principe religieux aux noirs, parce que ceux-ci sont par essence des êtres *domestiques*, des êtres de famille, des *famuli*, pour me servir du vieux mot latin. Obligés de maintenir à l'égard des noirs un régime de *servitude*, contraire à leurs dogmes religieux d'égalité, ils ont cherché à se justifier à leurs propres yeux, en regardant leurs serviteurs noirs, non plus comme des hommes, mais comme des êtres voisins de la brute, et ils les ont traités comme tels. Ainsi la réhabilitation des noirs dans les colonies suppose une révolution dans les opinions religieuses des blancs. Elle exige un appel aux souvenirs du patriarcat biblique, ou aux doctrines vivantes de l'islamisme, à ce que Chevalier appelle très-heureusement *la charte de la vie patriarcale*.

Aujourd'hui, après l'insurrection de Haïti, et le bill d'affranchissement des noirs des colonies anglaises, on se trouve dans cette singulière situation que le maintien de l'esclavage est impossible, et que cependant l'émancipation pure et simple n'est qu'une mesure déplorable. Le maintien de l'esclavage conduirait infailliblement à une répétition des scènes sanglantes de Saint-Domingue, et l'émancipation ne saurait non plus produire autre chose que de tristes copies de la république haïtienne, elle-même humble copie d'organisation européenne, et qui me paraît être bien plus un hommage rendu par les noirs à la mode constitutionnelle du siècle, qu'un résultat spontané des mœurs et du génie de la race. Dans une pareille situation, l'idée de Chevalier était donc fort heureuse, d'appeler l'attention des hommes d'état sur les institutions de l'île de Cuba et sur son régime patriarcal qui seuls ont pu jusqu'ici amener quelque chose de semblable à une association entre les noirs et les blancs. Toutefois je doute qu'il soit compris.

Avant de terminer, j'ai besoin d'ajouter quelques mots au sujet de la race mulâtre.

« Entre les noirs et les blancs, dit Chevalier, il y a une transition naturelle par degrés insensibles... C'est elle qui est établie par le fait même des mulâtres et des gens de couleur. Sous ce rapport le mélange est inextricable. »

Vous me dites vous-même dans votre dernière lettre : « Peut-être votre pensée de l'union des deux races se réalisera-t-elle d'abord par les races de couleur, qui sont physiquement plus belles ; intellectuellement mieux organisées, et qui me paraissent moralement appelées à une destinée plus grande que les noirs. Les premières unions régulières auront lieu, je crois, entre les blancs et les *enfants des noirs*, entre les blancs et les mulâtres, plutôt qu'entre les blancs et les noirs eux-mêmes. »

Je suis bien persuadé en effet que l'union entre la race blanche et la race noire sera rendue plus intime par l'intervention des mulâtres. Cependant ce n'est pas seulement parce que les mulâtres sont une transition d'une race à l'autre, et réunissent en eux les caractères combinés de l'une et de l'autre; c'est bien plutôt parce qu'ils sont les ENFANTS DE L'UNE ET DE L'AUTRE, et doivent incessamment se trouver rattachés à l'une et à l'autre par les liens réciproques d'un amour paternel et d'un amour filial. Vous-même, Ismayl, les nommez, il est vrai, les *enfants des noirs;* mais comment avez-vous pu oublier qu'ils sont aussi les enfants des blancs!... Tant il est difficile d'échapper à l'empire des préjugés consacrés par l'oppression !

Je vous écrivais en commençant ma lettre du 19 mars : « *le noir, c'est la race femme* », et vous m'avez répondu : J'adopte votre formule; car elle me paraît bien résumer les rapports de la race blanche et de la race noire. » Et cependant nous n'avions en vue, vous et moi, en écrivant ces mots, que les différences typiques qui distinguent les deux races. Ce n'était pas assez. On n'a pas droit de prononcer qu'il y a entre deux individus relation de *mâle à femelle*, à moins qu'ils ne constituent un COUPLE, c'est-à-dire qu'ils ne puissent s'*unir*, et que leur union ne puisse donner naissance à un nouvel individu. Mais cette condition est remplie pour ce qui regarde les rapports de la race blanche et de la race noire. Les deux races se sont *accouplées*, l'HOMME BLANC avec la FEMME NOIRE, et la race mulâtre est née de cette union.

Ceci est, ce me semble, une démonstration catégorique de notre formule, et j'avoue que je ne conçois pas qu'on en puisse réclamer, et encore moins imaginer une autre.

Mais cette race mulâtre elle-même, humanité nouvelle encore au berceau, quel avenir lui est réservé? Que vont être ses rapports avec l'ancienne humanité, avec son père et sa mère? Va-t-elle se les assimiler et s'approprier leur vie comme l'enfant absorbe incessamment la vie de ses parents pour les reproduire en lui-même, jusqu'à ce qu'il enfante, puis dépérisse à son tour? ou bien quelles limites faut-il apporter à la multiplication de cette race, à son développement propre, et au croisement de la race noire avec la race blanche? Quelle part doivent avoir dans cette détermination les considérations de race et de climat?

J'ai dit, en parlant de notre première génération humaine, de la génération blanche et noire, que le couple typique était celui de l'*homme blanc* et de la *femme noire*. Cela est vrai surtout, et peut-être exclusivement, pour ces régions qui forment sur le globe, sous le rapport climatérique, une véritable zone *équatoriale;* dans lesquelles viennent s'unir et se confondre les continents méridionaux et septentrionaux, les races de couleur et les races blanches. Le vrai théâtre

de l'association du blanc et du noir c'est, entre
l'Europe et l'Afrique, la région de la méditerra-
née; entre les deux Amériques, le golfe du
Mexique et les Antilles; entre l'Asie et l'Océa-
nie, l'archipel Indien. La beauté du noir a
besoin de l'éclat du soleil méridional, et sa
moralité même ne peut se passer de la protection
de cette nature bienfaisante; le blanc au contraire ne s'éloigne pas sans dégénérer des lati-
tudes européennes. Telles sont, je crois, les limites fixées par la nature même à la cohabita-
tion des races noire et blanche. Mais le fils des
deux races, le mulâtre, sera-t-il soumis, dans son
développement, à ces mêmes limites? Y aura-t-il
pour lui aussi, sur le globe, des contrées, des na-
tions, qui demeureront fermées? ou aura-t-il le
droit et la puissance de toutes les pénétrer, et de
toutes se les assimiler? En un mot les deux races
primitives, la blanche et la noire, devront-elles se
conserver immuables sur quelques points du
globe, à côté de la nouvelle humanité mulâtre?
ou bien celle-ci est-elle destinée à transformer en
elle-même, avec le temps, les races primitives qui
lui ont donné naissance? Enfin quels seront les
rapports de la nouvelle génération avec la vieille
humanité dont elle est sortie, avec l'humanité
nouvelle qu'elle doit enfanter à son tour?.....Mais

je m'arrête devant ce sujet immense, car il s'y rattache toute une rénovation des sentiments poétiques et des croyances morales et religieuses.

Les philosophes sont depuis longtemps occupés à découvrir ce qu'ils appellent la loi du développement social. Ils la demandent aux théories mécaniques, astronomiques, physiques, chimiques, physiologiques, sans parler des mystiques formules du régime parlementaire et de la foi constitutionnelle. Mais l'humanité n'est ni une machine, ni une étoile, ni un atome, ni un organisme, quoiqu'il y ait en elle de tout cela. Elle est UNE FAMILLE ; elle est PÈRE, elle est MÈRE, elle est ENFANT. Elle naît, se reproduit et meurt. Et SA LOI, ce sont les sympathies et les devoirs de LA FAMILLE, transportés aux races et aux peuples qui se trouvent à l'égard l'un de l'autre dans les relations diverses des sexes et des générations.

Il y a une même *loi de famille* pour l'individu, pour l'humanité, pour tous les êtres, pour DIEU ! Cette loi, différemment conçue à chaque époque, est pour cette époque la loi religieuse par excellence. Elle a été, dans le christianisme, le dogme de la *Trinité*, car, par ce dogme, se trouvaient réglés d'une manière universelle les rapports de sexe à sexe, de génération à génération [2]. Aujourd'hui que l'espèce humaine est arrivée à une nouvelle phase de sa vie, elle demande UNE NOUVELLE LOI DE FAMILLE, et à cette loi se rattache en particulier la consécration religieuse des rapports des deux races blanche et noire l'une avec l'autre, et de l'une et l'autre avec la race mulâtre.

Mais je m'arrête. Sous peu de jours j'espère vous rejoindre en Afrique. Il me tarde de faire connaissance d'un peu plus près avec les noirs.

GUSTAVE D'EICHTHAL.

NOTES DE LA LETTRE III.

—

[1] On sait qu'aux États-Unis la *domesticité* est presque entièrement abolie.

[2] Ce caractère du dogme de la trinité est évident, lorsqu'on le prend dans son sens *populaire*, tel que l'avaient conçu le peuple et les artistes. Voyez les innombrables tableaux qui présentent à l'adoration des chrétiens l'image de la trinité. Dans tous, c'est la même pensée; la représentation d'*une famille*, et l'expression des rapports qui unissent entre eux les membres de cette famille. C'est le jeune homme, le vieillard, et l'être *intermédiaire* entre l'un et l'autre. C'est le fils, *vierge*, qui n'a pas encore de fils; c'est le père, *chaste*, qui lui-même n'a plus de père; c'est, entre les deux, l'âge moyen, l'*époux*, celui qui féconde la femme, fils à l'égard de son père, père à l'égard de son fils, lien entre l'un et l'autre, et *procédant de l'un et de l'autre*; car il combine en lui-même leur double caractère; il est en même temps père et fils.

Il est vrai que dans la représentation de la trinité chrétienne, l'image du Saint-Esprit, de l'*être intermédiaire*, de l'*époux*, est demeurée mystique. C'est que son rôle était bien plus d'avenir que de présent; c'est que le christianisme, sanctifiant la séparation des sexes plutôt que leur union, ne célébrait la joie des noces que comme une prophétie; la femme divinisée par lui était *vierge* et *mère*, elle n'était point *épouse*. Cette figure de l'*époux* demeura donc mystérieuse, mais non point obscure. Elle eut pour symbole la *colombe*, antique emblème de la génération.

Qu'on se rappelle d'ailleurs les paroles de l'hymne au Saint-Esprit, empruntées au Psalmiste par les chrétiens : « Venez, Esprit saint, remplissez les cœurs de vos fidèles..... envoyez votre Esprit et ils seront *créés de nouveau*, et vous *renouvellerez la face de la terre.* »

Le caractère générateur et rénovateur de l'Esprit saint se trouve ici exprimé de la manière la plus formelle. Mais il y a autre chose encore à considérer dans cette prière. Elle est la *prophétie chrétienne* par excellence. Depuis bien des siècles, elle annonce aux fidèles la venue de l'*Esprit saint* comme la consommation de l'ordre religieux fondé par le christianisme.

Pour qui ne considère les prophéties ni comme de mystiques illuminations, ni comme de fantastiques rêveries, mais aime à y voir l'expression la plus élevée des pressentiments de l'humanité aux époques solennelles de son développement, il y a lieu de se demander ce que veut dire, dans l'ordre des choses positives, cette promesse de la *venue du Saint-Esprit*. Nous venons de voir que le dogme de la Trinité, dégagé de toutes subtilités théologiques, et ramené à sa signification populaire, se trouve être une conception aussi rationnelle qu'élevée. N'y a-t-il pas quelque chose de semblable à constater relativement au sens de la grande prophétie chrétienne ?

Dans la société parvenue à son âge de plus grande vigueur et de maturité, l'autorité doit nécessairement appartenir à l'AGE MUR. Lui-même, père, fils, époux, il connaît les affections et aussi les devoirs du père, du fils, de l'époux. Rien ne lui est étranger, ni de la société, ni du monde.

Il a en propre cette vertu si bien définie par Pascal, *la puissance de toucher les extrémités, et de remplir tout l'entre-deux*. Il est le *juste-milieu* par excellence, mais un juste-milieu qui embrasse les extrêmes, bien loin de les exclure. Il a donc au plus haut degré la puissance de gouvernement.

Jusqu'ici l'humanité a franchi les degrés successifs de sa crois-
sance, et aujourd'hui seulement elle arrive à son âge d'équilibre
et de maturité. Aussi, dans le passé, la supériorité sociale a toujours appartenu, soit à la jeunesse, soit à la vieillesse, ou plutôt la
vie de l'humanité a consisté dans une lutte et des revirements per-
pétuels entre les tendances stationnaires de l'une et les tendances
révolutionnaires de l'autre. L'être *mûr*, celui dans lequel réside
surtout la vie d'harmonie et de justice, s'est toujours trouvé en
quelque sorte comprimé, écrasé entre ces oscillations alternatives;
mais aujourd'hui il réclame à son tour la suprématie sociale. Il
doit établir entre les âges et les sexes un lien qui leur a manqué
jusqu'ici, et donner aux relations sociales un caractère nouveau de
calme et de régularité.

Peut-être la modification profonde opérée dans la société française par la révolution de 1830, et dont on ne s'est jamais bien
rendu compte jusqu'ici, n'est-elle pas autre chose que la produc-
tion au sein de la société française de cette nouvelle organisation.
Depuis cette époque en effet, au pouvoir fondé sur la distinction
des *classes* se substitue peu à peu un autre pouvoir fondé
sur la distinction des *âges*. L'abaissement de l'âge d'éligibilité a
fait de la Chambre des députés le représentant de la *génération
mûre*; elle est devenue en même temps pouvoir prépondérant.
Par l'abolition de la succession héréditaire, la Chambre des pairs
a été transformée en un véritable *conseil des anciens*; et le développement de la puissance de la presse a aussi donné à la *jeunesse* sa représentation. Voilà ce qui me paraît être aujourd'hui
la véritable constitution de la France, la véritable valeur du régime de *juste-milieu*.

Mais je reviens à la formule de la trinité chrétienne. Il est certain que dans le sens où nous venons de la considérer, et qui n'est
autre que son sens populaire, elle est une sublime expression
des *relations de famille* telles que le Christianisme les avait con-
çues et appliquées à l'ÊTRE UNIVERSEL et à l'ensemble des êtres;
elle est une préparation à la loi nouvelle qui doit régler les rap-

ports de sexe à sexe et de génération à génération entre les individus et entre les races ; et elle rattache ainsi la théologie chrétienne à l'accomplissement de la grande œuvre religieuse de notre temps, L'ORGANISATION DE LA FAMILLE HUMAINE.